WO IST PAULA?

Deutsch für die Primarstufe

1

Kursbuch

 Alles Digitale zu diesem Buch kann auf der Lernplattform **allango** von Ernst Klett Sprachen abgerufen werden. So geht's:

 QR-Code scannen oder **www.allango.net** aufrufen

Buchtitel oder ISBN in der Suche eingeben und auf das Buchcover klicken

Zum Inhalt navigieren, direkt abrufen oder speichern

Ernst Klett Sprachen
Stuttgart

Von
Ernst Endt, Anne-Kathrein Schiffer, Michael Koenig, Nadine Ritz-Udry, Claudine Brohy,
Lucrezia Marti unter Mitarbeit von Hannelore Pistorius

Das Lehrwerk ist eine Neubearbeitung der Titel „Der grüne Max – Deutsch für die Romandie" und „Der grüne Max 1 Neu"
von Elzbieta Krulak-Kempisty, Lidia Reitzig und Ernst Endt.

Projektleitung und Redaktion Elke Sagenschneider Texte und Projekte, München
Innenredaktion Sabine Hoppe
Herstellung Carolyn Merkel
Layout Marlena Sang, Lassan
Illustrationen Nikola Lainović und Hans-Jürgen Feldhaus
Karten Theiss Heidolph
Cover Bettina Lindenberg unter Verwendung einer Illustration von Hans-Jürgen Feldhaus
Satz und Repro Fotosatz Amann, Memmingen

Informationen und zu diesem Titel passende Produkte finden Sie auf www.klett-sprachen.de/wo-ist-paula

1. Auflage   7 | 2025

Druck und Bindung Elanders Waiblingen GmbH

ISBN 978-3-12-605280-1

Inhaltsverzeichnis

Wortschatz	Grammatik	Schatztruhe
Deutsche Produkte und Ortsnamen		
Grüße und Verabschiedungen		• Plakat • Lied: „Guten Morgen, good Morning" • Steckbrief • Video: Guten Morgen!
	W-Fragen Konjugation 1./2. Pers. Sg. : *heißen*	
Vornamen; Glückwünsche		**Nicht nur Deutsch:** • Geografie • Musik
Das Alphabet		

Wortschatz	Grammatik	Schatztruhe
Zahlen 0–12 Alter, Telefonnummer	Konjugation Präsens Sg.: *sein* Personalpronomen: *ich, du, er/sie*	• Telefonliste • Steckbrief • Klassenausstellung: Länder, Sprachen, Vornamen • Video: Herzlichen Glückwunsch!
Länder und Sprachen	Konjugation Präsens Sg.: *sprechen*	
Länder und Städte	Fragen mit *woher* und *wo*; Konjugation 1./2. Pers. Sg.: *kommen, wohnen*	
Familienmitglieder	Possessivartikel *mein/meine* und *dein/deine*	**Nicht nur Deutsch:** • Mathematik • Geografie • Kunst • Musik
Familie	Konjugation Präsens Sg.: *haben* Artikel: *einen/eine; keinen/keine*	
Familie, Sprachen, Länder und Städte	Konjugation 1. Pers. Pl.: *haben*	

Symbole im Kursbuch

ich höre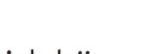

wir sprechen

ich erzähle

ich lese

ich schreibe

du und ich

wir

wir spielen

wir machen ein Plakat

wir singen

frag Familie und Freunde

ich sehe den Film

ich mache ein Video

Meine neue Sprache

Ich kann …

… Deutsch in meinem Alltag erkennen.

… grüßen und mich verabschieden.

… mich vorstellen.

… deutsche Vornamen erkennen und zum Geburtstag gratulieren.

… das Alphabet auf Deutsch sagen.

… deutschsprachige Texte erkennen und beim Hören viele Situationen erkennen.

1

Das ist Deutsch.

Ich kann Deutsch in meinem Alltag erkennen.

1 Was kennt ihr?

Was kennt ihr schon?
Was ist neu für euch?

2 Deutsche Produkte

Macht ein Plakat.

AB
2

3 Papa im Supermarkt

Hört zu und zeigt auf die Produkte.

AB
3–5

4 Hier gibt es ...

Wähle sechs Produkte für dein Geschäft. Nenne sie.

Joghurt · Müsli · Limonade · Konfitüre · Tee · Schokolade · Bonbons · Käse · Butter · Orangensaft

AB 6

5 Einkaufen

Spielt einkaufen.

Ich möchte Schokolade, bitte.

Danke.

Hier, bitte.

6 Wie klingen die Wörter?

Hört zu. Klopft auf den Tisch.

Scho ko la de
· · · ●

Li mo na de
· · ● ·

Kon fi tü re
· · ● ·

Kä se
● ·

O ran gen saft
· ● · ·

Jo ghurt
● ·

7 Deutsche Städte

Wie heißen die Städte in deiner Sprache?

Geografie

Hamburg
Berlin
Düsseldorf
Leipzig
Dresden
Köln
Frankfurt
Stuttgart
München

AB 7

Guten Tag, guten Abend

Ich kann grüßen und mich verabschieden.

1 Guten Tag – Auf Wiedersehen

Wie begrüßt und verabschiedet man sich in anderen Sprachen?
Fragt auch Eltern und Freunde.

Verabschieden
Auf Wiedersehen!
Tschüs!
Ciao!

2 In Paule Puhmanns Paddelboot

Hört das Lied. Singt den Refrain mit.

3 Mein Deutsch

Welche Begrüßung passt zu welchem Bild?

Grüßen

Guten Morgen!

Guten Tag!

Guten Abend!

4 Guten Tag, Herr Müller!

Spielt Erwachsene. Begrüßt und verabschiedet euch.

5 Guten Morgen, good morning

Hört zu und singt mit.

Guten Morgen, good morning

Guten Morgen, guten Morgen,
good morning, good morning,
buenos días, buenos días,
buon giorno, buon giorno.

Guten Morgen, guten Morgen,
dzień dobry, dzień dobry
buenos días, buenos días,
bonjour, bonjour.

Günaydın

Dobrý den

Jó napot

Καλημέρα

AB
5

6 Unser Lied

Singt das Lied zusammen. Nehmt es mit einem Handy auf.

3 Ich heiße ...

Ich kann mich vorstellen.

1 Im Skatepark

Wer spricht? Hört zu und zeigt auf die Kinder.

2 Karussell

Spielt Karussell und stellt euch vor.

3 Mein Deutsch

Macht ein Rollenspiel.

So grüße ich Freunde und frage nach dem Namen

Gruß	So frage ich:	So antworte ich:
Hallo!	Wie heißt du?	Ich heiße …
Hi!	Und du?	Paula.

AB 4

Hallo, wie heißt du?

Ich heiße …

Ich heiße …
Wie heißt du?

Portfolio

4 Mein Steckbrief

Schreib deinen Steckbrief auf ein Blatt.
Lass genug Platz.

Mein Steckbrief

Ich heiße: _____

5 Unser Video: Guten Morgen!

a Seht das Video.
Wie heißen die Leute? Zeigt auf die Personen.

b Seht das Video.
Was möchte Anna kaufen?

c Was hat Anna gekauft?
Notiert im Heft.

6 Spielt die Situation und macht Videos.

Ich heiße …

Wie heißt du?

Ich bin der Lehrer /
die Lehrerin. Ich heiße …

Guten Tag.

Guten Morgen, Herr/Frau …

Und ich bin der Direktor /
die Direktorin. Ich heiße …

Guten Tag, ich heiße …

Ich möchte …, bitte.

Tschüs. Ja, Kein Problem. ☺

Auf Wiedersehen.

Hier, bitte. Nein, tut mir leid! ☹

1 „Jet-Fragen"

Hört zu und sprecht zusammen nach. Sprich dann allein.

Schokol**a**de?

Ovomalt**i**ne?

Or**a**ngensaft?

2 Tut mir leid!

a Hört zu und lest mit.

< Guten Tag, Herr Meier.
> Guten Tag, Pascal.
< Ich möchte Schokolade.
> Schokolade? Schade, tut mir leid!
< Und Ovomaltine?
> Ovomaltine? Ja! Kein Problem, hier bitte!
< Danke, auf Wiedersehen!
> Tschüs!

b Fragt und antwortet wie in Aufgabe 2a. Wählt andere Sachen.

3 Nein, aber ...

a Hört zu und lest mit.

< Guten Tag, Herr Müller.
> Guten Tag, Monique.
< Haben Sie Schokolade?
> Nein, aber Ovomaltine.

b Spielt zu zweit Dialoge wie im Beispiel.

4 Wie heißt es richtig?

Hört genau zu und korrigiert.

Ich möchte gerne Ditt.

Ditt???
*Das heißt nicht Ditt, das heißt **Pritt!***

5 „Bla-bla-bla"

a Welches Wort hört ihr? Zeigt auf das Wort. Notiert im Heft.

1 bla-bla-**bla**-bla	T**ee**
2 bl**aa**	Konfit**ü**re
3 bla-**bla**-bla-bla	Schokol**a**de
4 bla-**bla**	Kl**e**bestift
5 bla-bla-**bla**-bla	Nimm zw**ei**
6 **blaa**-bla	Or**a**ngensaft
7 **bla**-bla-bla	K**ä**se

1 Schokolade

b Hört zu und kontrolliert.

c Spielt zu zweit „Bla-bla-bla" mit anderen Wörtern.

6 Wir verstehen viel!

a Hört zu. Was versteht ihr? Zeigt das Wort.

Mus**i**k   T**e**nnis   Saxofon   Elef**a**nt

Toil**e**tte   S**u**ppe   T**i**ger   Git**a**rre

b Sprecht die Wörter laut.

Vornamen und Geburtstage

Ich kann deutsche Vornamen erkennen und zum Geburtstag gratulieren.

1 Vornamen

Welche Vornamen gibt es auch in deiner Sprache?

2 Deutsche Vornamen

Sammelt deutsche Vornamen an der Tafel.

Mädchennamen	Jungennamen
Maria	Martin

AB 1

3 Namensmelodie

Stellt euch im Kreis auf. Hört die Namen und hüpft bei der betonten Silbe.

To**bi**as, Julia, Nikita, Maximilian, Maria, Sophie

4 Vornamen in anderen Sprachen

Welche Vornamen kennt ihr auch in anderen Sprachen?

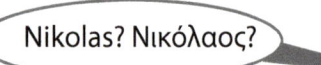

Nikolas? Νικόλαος?

5 Gratuliert zu dritt

Hört zu und sprecht wie im Beispiel.

Alles Gute, liebe Ute!

Hallo Ute!

Alles Gute zum Geburtstag, liebe Ute!

Danke! Danke! Danke!

6 Herzlichen Glückwunsch! Alles Gute!

Was sagen die Kinder? Hört zu und spielt.

Herzlichen Glückwunsch!

So gratuliere ich zum Geburtstag
Herzlichen Glückwunsch, Eva!
Herzlichen Glückwunsch zum Geburtstag, Christian!
Alles Gute, Laura!
Alles Gute zum Geburtstag, Lukas!

AB 2

7 Geburtstagslied

Hört zu und singt mit.

Wir kommen all' und gratulieren

Wir kommen all' und gratulieren
Zum Geburtstag heut'
Viel Glück und Freud'

Musik

8 Deine Sprache

Welche Geburtstagslieder kennst du in deiner Sprache?

AB 3

5 Abc …

Ich kann das Alphabet auf Deutsch sagen.

1 Das deutsche Abc

Hört zu und singt mit.

2 Neue Buchstaben

Ergänzt gemeinsam an der Tafel.

ä	ö	ü	ß
Gummibärchen	hören	Müsli	heißen

AB 1

3 Einige Buchstaben klingen anders

Hört zu und sprecht nach.

Ce wie Clown   **E** wie Elefant   **Ge** wie Giraffe   **Ha** wie Hase   **Jott** wie Jaguar

Qu wie Qualle   **U** wie Uhu   **Vau** wie Vogel   **We** wie Wal   **Zet** wie Zebra

AB 2+3

4 Alle zusammen: Abc … def …

 Hört zu und macht mit.

5 Partnerdiktat

 Der eine diktiert Vornamen, der andere schreibt. Tauscht dann die Rollen.

Maximilian –
M-a-x-i-m-i-l-i-a-n

MAXIMILI

 AB 4

6 Städtenamen

Wie heißen diese Städte? Buchstabiert.

Geografie

Hamburg

Berlin

Berlin –
B-e-r-l-i-n

Düsseldorf

Leipzig

Dresden

Köln

Frankfurt

Stuttgart

München

AB 5

Sprachdetektiv

Ich kann deutschsprachige Texte erkennen.

1 Das ist Deutsch

Welcher Text ist auf Deutsch?

Evviva, è sabato: niente scuola, niente compiti … e il sole splende! Dov'è il pallone? Ah, eccolo! „Mamma, vado via, ciao!" Paolo e Luca sono già al campetto e aspettano solo me. „Arrivo!" Un dribbling, una finta, due passi a destra, uno a sinistra, gol!

Annas Vater breitet eine schöne Decke auf der Wiese aus. Darauf stellt er alles für ein leckeres Picknick: Salate, Saft, Schokolade … und einen großen Geburtstagskuchen. Denn Anna hat heute Geburtstag! Alle Gäste gratulieren ihr. „Herzlichen Glückwunsch, Anna."

Doğum gününü kutlamak için Sevda ailesiyle birlikte sahile geziye gider. Arkadaşları da yanında alır. Çocuklar top oynuyor ve denize gidiyorlar. Bu arada Sevda'nın babası büyük bir battaniye yaydı. Salata, meyve suyu, tatlı … Lezzetli bir piknik için her şeyi koyar!

„Kaj mi je bilo med počitnicami najbolj všeč? Zunaj se igrati, jesti sladoled, biti dolgo pokonci, plavati v morju … in da sonce sije tako pogosto, mi je še posebno všeč."

If two witches watched two watches, which witch would watch which watch?

AB 1a

Lesen und Hören

Ich kann beim Hören viele Situationen erkennen.

2 **Deutsch oder nicht Deutsch?**

21 Hört zu. Welches Lied ist auf Deutsch?

Lied **1** Lied **2** Lied **3**

AB
1b+c

3 **Wo ist das?**

22 Hört zu. Welches Bild passt?

am See

am Strand

im Schwimmbad

AB
2+3

1 Am Telefon: „Wer ist da?"

a Sammelt Namen von Personen und Städten an der Tafel.
Jeder schreibt fünf Kärtchen wie im Beispiel.

Peter / Berlin

Monika / Zürich

 23 **b** Hört zu und spielt Telefongespräche mit den Kärtchen aus 1a.

Hallo, hallo, hallo, wer ist da?

Monika!

Monika, M-O-N-I-K-A!

Wer?

Ah, Monika! Monika aus Zürich?

Genau! Monika aus Zürich! Und du, wer bist du?

Peter!

Peter Berlin

Wer?

Peter, P-E-T-E-R!

...

2 Abc-Gedicht

a Lest die Buchstaben links laut. Lest dann die Sätze rechts laut.

ABC   Annabell!
DEF   Das macht nix!
GHI   Die Kuh macht Muh!
JKL   Du bist nett!
MNO   Kaffee oder Tee!
PQR   Du bist der Chef!
STU   Sehr, sehr schwer!
VWX   Kikeriki!
YZ   Wo? Wo? Wo?

A – B – C
D – E – F
…

Annabell!
Das macht nix!

ABC – Kaffee oder Tee!
DEF – …

b Was passt? Lest laut vor.

 **c** Hört zur Kontrolle. Sprecht dann noch einmal.

3 Namen, Namen, Namen

 **a** Hört die Namen und sprecht im Chor.

b Spielt zu dritt. Wählt eine Zeile mit drei Namen. Welche Gruppe ist dran?

Gruppe A: Peter, Paul und Paula
Gruppe B: Anne, Andreas und Antje
Gruppe C: Tobias, Theresa und Tanja
Gruppe D: Lea, Lena und Laura
Gruppe E: Katharina, Karl und Karin
Gruppe F: Maria, Michael und Martin
Gruppe G: Brigitte, Bodo und Barbara
Gruppe H: Emily, Emilia und Elias
Gruppe I: Johanna, Jan und Jakob
Gruppe J: Fabian, Felix und Fee
Gruppe K: Sarah, Stefan und Sophie

Der Einbruch

Ich heiße Herr Langbein.

Rüdiger Langbein
Supermarkt
Lebensmittel
aller Art

Das ist mein Supermarkt.

SUPERMARKT

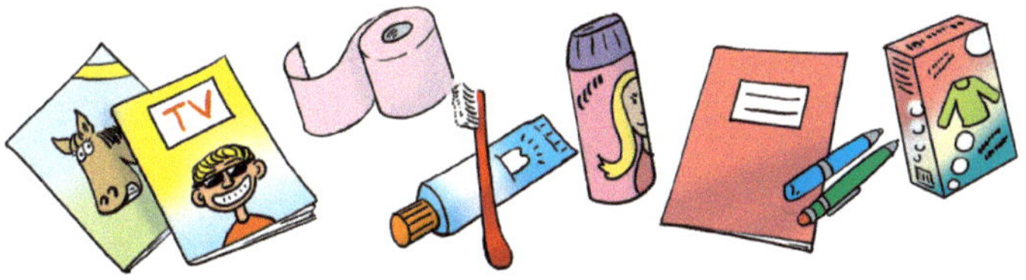

**Jeden Morgen geht Herr Langbein
in seinen Supermarkt.**

Ich heiße Frau König.

Sylvia König
Zoowärterin

Das ist mein Zoo.

Hier leben Tiere
aus allen Kontinenten:
Europa, Asien, Afrika,
Amerika und
Australien.

Jeden Morgen geht Frau König in den Zoo.

 **Hier ist das Ende der Geschichte. Hör zu.**

Meine Familie und ich

Ich kann …

… bis zwölf zählen und mein Alter sagen.

… sagen, welche Sprache ich spreche.

… sagen, woher ich komme und wo ich wohne.

Amelie aus Deutschland in München

Ahmet aus der Türkei in Istanbul

elie s Deutschland Hamburg

Amelie aus Deutschland in Hamburg

Ahmet aus der Türkei in Izmir

… meine Familienmitglieder nennen.

… meine Familie vorstellen.

… Informationen über Familie, Sprache und Herkunft geben.

Alma ist …
Die Mutter heißt …
Sie kommt aus …
Sie wohnt in …
Sie spricht …
…

Ich bin neun.

Ich kann bis zwölf zählen und mein Alter sagen.

1 Eins, zwei, drei …

Wie heißen die Zahlen auf Deutsch? Hört zu und sprecht nach.

 27

eins   null   fünf   zehn   acht   drei   zwei

sieben   zwölf   neun   sechs   elf   vier

AB 1–3

2 Alle zusammen!

 a Zählt im Chor bis zwölf.

 28 **b** Hört zu und sprecht in Gruppen nach.

AB 4

3 Wie viel ist …?

 **a** Rechnet.

 +  = ?    – = ?

Vier   plus   fünf   ist ?   Fünf   minus   zwei   ist ?

b Spielt zu zweit. Würfelt und rechnet wie in 3a.

Drei plus zwei ist …?

AB 5

4 Zahlen in anderen Sprachen

Welche Zahlen kennt ihr in anderen Sprachen?

Mathematik

5 Neue Nachbarn

Hört zu und lest zu zweit.

> < Hallo, wie heißt du?
> > Ich heiße Maria, und wie heißt du?
> < Moritz. Und wer ist das?
> > Das ist Laura.
> < Die ist aber klein.
> > Ja, sie ist drei Jahre alt.
> < Und wie alt bist du?
> > Ich bin neun! Und du?
> < Ich bin auch neun Jahre alt.

AB 6

6 Mein Deutsch

a Wie alt bist du? Fragt in der Klasse.

Das Alter

So frage ich
Wie alt **bist du**?
Wie alt **ist** Moritz?
Wie alt **ist** Laura?

So antworte ich
Ich bin neun (Jahre alt).
Er ist neun (Jahre alt).
Sie ist drei (Jahre alt).

b Wie alt ist …? Sucht die Zahlen im Bild.

Gadise   Max   Julia   Jan

> > Wie alt ist Max?
> < Er ist zehn.
> > Wie alt ist Gadise?
> < Sie ist …

AB 7

7 Die Telefonnummer

 **30**

a Hört zu und notiert die Telefonnummern.

> Ach, gibst du mir noch deine Telefonnummer?
< Klar. Null – acht – neun / eins – fünf – neun – neun – null – null – acht – sieben.
> Null – acht – neun / eins – fünf – neun – neun – null – null – acht – sieben. Prima, danke.
< Und deine Nummer?
> Meine Telefonnummer ist null – acht – neun / drei – vier – sechs – neun – eins – sechs– zwei – drei.
< Null – acht – neun / drei – vier – sechs – neun– eins – sechs – zwei – drei. Super! Dann kann ich dich anrufen.

Maria: 08 ...

 AB 8

b Hört noch einmal und sprecht die Telefonnummern nach.

8 Immer zwei und zwei

a Wie heißen die Telefonnummern? Lest laut.

030/65 30 47 22   069/60 61 21 44   040/32 74 98 56

 31 **b** Mit Rhythmus: Hört zu und sprecht nach.

9 Telefonliste

a Wie ist deine Telefonnummer? Fragt in der Klasse.

b Macht eine Klassen-Telefonliste.

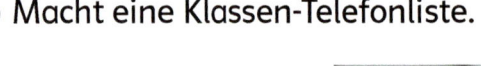

Null – zwei – sechs ... Und deine?

Emma, wie ist deine Telefonnummer?

 AB 9

Deutsch, Englisch …

Ich kann sagen, welche Sprachen ich spreche.

1 Sprachen, Sprachen, Sprachen!

a Lest die Sätze. Welche Sprachen kennt ihr?

32 b Hört zu. Welche Sprachen kennt ihr noch?

Portugiesisch   Russisch   Englisch   Spanisch

Türkisch   Deutsch   Italienisch

1 *How much is this skirt, please?*

2 *И сколько стоит всё вместе?*

3 *Quanto vengono le pere?*

4 *Bu kemerin fiyatı nedir?*

5 *¿Cuánto cuesta el jamón?*

6 *Wie viel kostet dieser Käse?*

7 *Pour aller à la gare, s'il vous plaît?*

Eins ist Englisch.

2 Länder und Sprachen

a Sprachen, Sprachen, Sprachen! Hört zu und sprecht nach.

33

Länder und Sprachen

Deutschland	Deutsch	die Türkei	Türkisch
Frankreich	Französisch	Italien	Italienisch
England	Englisch	Griechenland	Griechisch
Spanien	Spanisch	...	...

b Welche Länder und Sprachen kennt ihr noch? Sammelt an der Tafel.

AB
1+2

3 Sprichst du ...?

Fragt in der Klasse.

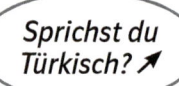 *Sprichst du Türkisch?* ↗

Nein, ich spreche Griechisch und Deutsch. ↘

Sprichst du Englisch? ↗

Ja, ich spreche Englisch. ↘

AB
3

4 Mein Steckbrief

Ergänze deinen Steckbrief.

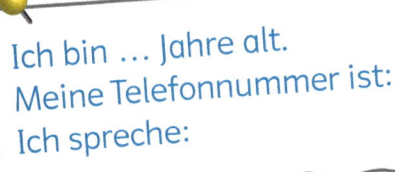

Ich bin … Jahre alt.
Meine Telefonnummer ist:
Ich spreche:

5 Klassenausstellung:
Länder, Sprachen, Vornamen

Arbeitet in Gruppen. Macht eine Collage über Europa.

1 Was kennt ihr von Europa? Zeichnet.
2 Welche Sprachen kennt ihr?
3 Sucht Vornamen in verschiedenen Sprachen.
4 Notiert: Wie sagt man „Guten Tag!" und „Auf Wiedersehen!"?
5 Sammelt Material und ergänzt die Collage.

Hängt die Collagen in der Klasse auf.

Kunst

Geografie

Portfolio

AB
4

Ich wohne in Bonn.

Ich kann sagen, woher ich komme und wo ich wohne.

1  **Neue Freunde**

Woher kommen Alexander und Lisa? Hört zu und nennt die Länder und Städte.

> Hallo, woher kommst du?

> Ich komme aus Österreich. Und du?

> Aus Deutschland. Ich wohne in Bonn. Und wo wohnst du?

> Ich wohne in Wien.

2 **Mein Deutsch**

Arbeitet zu zweit. Fragt in der Klasse.

So frage ich
Woher kommst du?

Wo wohnst du?

So antworte ich
(Ich komme) aus Deutschland.
(Ich komme) aus Österreich.

(Ich wohne) in Bonn.
(Ich wohne) in Wien.

AB 1

3 Woher kommst du? Wo wohnst du?

Spielt wie im Beispiel.

AB 2

4 Doppelgänger

Wer hat die gleiche Karte? Fragt wie im Beispiel.

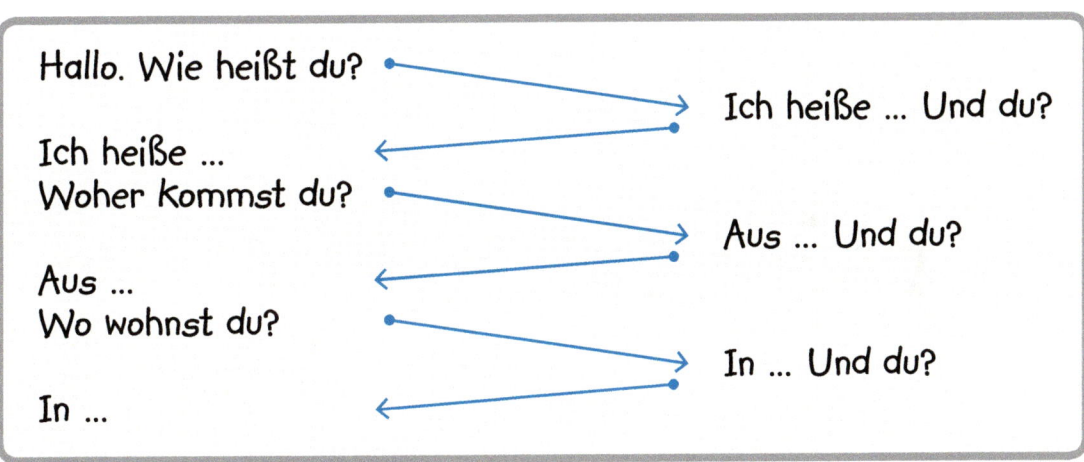

AB 3

Hören und Sprechen 3

1 Zahlen-Chinesisch

a Zähl mit den Fingern von 0 bis 10.

b So zählen die Chinesen. Was denkt ihr?
Welche Hand zeigt welche Zahl?

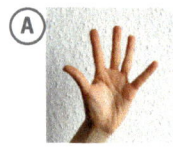 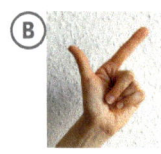 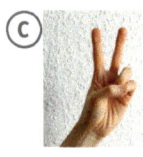   

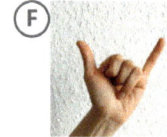  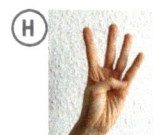   

 **c** Hört die Lösung.

 d Spielt zu zweit. Zeigt eure Telefonnummern auf Chinesisch.

2 Zahlen-„Formel 1"

 Spielt in Gruppen. Einer sagt drei Zahlen. Wer findet die komplette Zahl?

> eins – sieben – elf

> Ich hab's: eins – sieben – elf – sechs – acht – zwölf!
> Jetzt ich: eins – eins – elf

1-7-12-3-4-9

7-1-11-5-3-12

1-7-11-6-8-12

12-2-10-7-11-9   4-2-3-5-9-11

12-3-11-5-6-8

8-2-3-12-11-10

12-3-10-6-8-12

3-3-2-4-11-12

4-4-1-11-12-3   3-3-3-5-8-9

4-2-2-5-11-12

1-6-4-11-12-10

8-2-2-10-12-11   1-1-12-11-10-2   8-3-3-11-12-10

1-1-10-12-11-3

4-4-4-7-8-9   1-6-5-4-9-12   3-2-2-7-4-1

4-4-5-6-7-8

1-6-7-6-9-8   1-1-11-12-10-1   4-3-2-4-12-9

3 Eins ruft zwei!

Macht Gruppen mit 12 Kindern. Spielt wie im Beispiel.

4 Sprachen

 a Hört zu und wiederholt die richtige Sprache.

> Lucia kommt aus Madrid. Spricht sie Spanisch oder Italienisch?

> Italienisch? Nein, nein, Spanisch!

> Gabi wohnt in München. Spricht sie Deutsch oder Französisch?

> Sie spricht …

 **b** Welche Sprache spricht …? Hört zu und sagt die Sprache.

5 Wer passt zusammen?

Spielt wie im Beispiel.

Meine Familie

Ich kann meine Familienmitglieder nennen.

1 **Jans Familie: Wer ist wer?**

 **a** Wer ist wer? Hört zu und zeigt auf die Personen.

b Notiert im Heft: Die Oma heißt Anna. Der Opa …

HANS — JULIA — BENNO — JAN — MARIA

mein Opa   meine …   mein …   ich   meine …

Onkel   Oma   Schwester   Tante

Papa   Mama   Bruder   Opa

AB 1

2 **Mama und Papa**

  Hört zu und klopft den Rhythmus. Sprecht dann nach.

Mama Papa   Oma Opa   Onkel Tante   Bruder Schwester

Mama und Papa   Oma und Opa   Onkel und Tante   Bruder und Schwester

meine Oma

mein Papa

meine ...

ANNA THOMAS MAX BARBARA

3 Mein Deutsch

Und deine Familie? Fragt in der Klasse.

Meine Familie

So frage ich | | **So antworte ich**

Wie heißt **dein** Vater/Papa? — **Mein** Vater/Papa
Bruder? — Bruder
Opa? — Opa
Onkel? — Onkel — heißt ...

Wie heißt **deine** Mutter/Mama? — **Meine** Mutter/Mama
Schwester? — Schwester
Oma? — Oma
Tante? — Tante — heißt ...

AB 2–4

4 Liebe Schwester, tanz mit mir!

Hört zu und singt mit. 40

Liebe Schwester, tanz mit mir!
Beide Hände reich ich dir.
Einmal hin, einmal her,
rundherum, das ist nicht schwer.

Musik

Ich habe einen Bruder.

Ich kann meine Familie vorstellen.

1  **Martins Familie**

Seht die Bilder an und lest. Macht Notizen: Wie sind die Namen?

Das ist meine Oma Brigitte.
Mein Opa heißt Hans.

Das ist mein Vater.
Er heißt Luis. Meine Mutter
heißt Anne.

Schade! Ich habe
keinen Hund!

Ich habe auch einen
Bruder. Er heißt Leon.

Das bin ich.
Ich habe eine Katze.
Sie heißt Minka.

Ich habe keine
Schwester!

Martins Familie

Mutter: Anne
Vater: ...

2 Mein Deutsch

Sprecht über Martins Familie.

Ich ha**b**e

Du ha**st**

Er/Sie ha**t**

ein**en** Bruder/Hund ...

ein**e** Schwester/Katze ...

Kein**en** Bruder/Hund ...

Kein**e** Schwester/Katze ...

AB
1–3

3 Flüsterpost

Spielt in kleinen Gruppen. Hört gut zu! Der letzte spricht laut.

  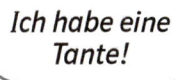

AB
4

4 Und deine Familie?

Sprecht in der Klasse.

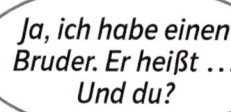

Hast du einen Bruder?

Ja, ich habe einen Bruder. Er heißt ... Und du?

Hast du eine Schwester?

Nein, ich habe keine Schwester. Und du?

Kunst

5 Meine Fantasiefamilie

Zeichnet eure Fantasiefamilie oder bringt ein Foto mit. Erzählt in der Gruppe.

Das ist meine Familie. Das ist meine Mutter, sie heißt ... Mein Papa heißt ... Ich habe ...

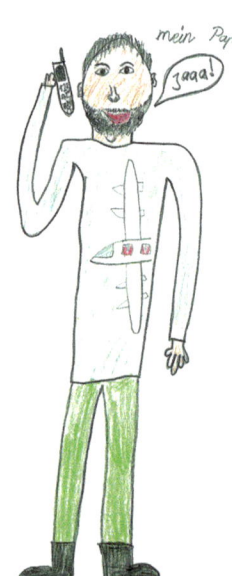

mein Papa

Jaaa!

meine Mama

mein Bruder

ich

Bello

12

Familie, Herkunft, Sprachen

Ich kann Informationen über Familie, Sprachen und Herkunft geben.

1 Brieffreunde

Lest die Texte und macht eine Tabelle im Heft.

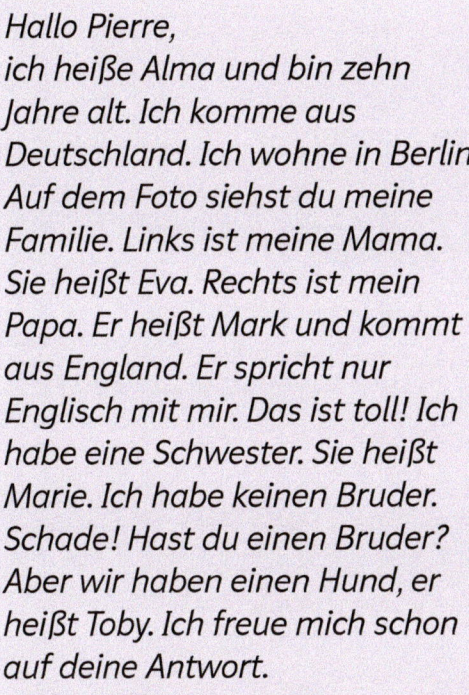

*Hallo Pierre,
ich heiße Alma und bin zehn Jahre alt. Ich komme aus Deutschland. Ich wohne in Berlin. Auf dem Foto siehst du meine Familie. Links ist meine Mama. Sie heißt Eva. Rechts ist mein Papa. Er heißt Mark und kommt aus England. Er spricht nur Englisch mit mir. Das ist toll! Ich habe eine Schwester. Sie heißt Marie. Ich habe keinen Bruder. Schade! Hast du einen Bruder? Aber wir haben einen Hund, er heißt Toby. Ich freue mich schon auf deine Antwort.
Viele Grüße
Alma*

*Liebe Alma,
Danke für deinen Brief! Ich heiße Pierre und bin neun Jahre alt. Auf dem Foto ist mein Papa Jean und daneben ist meine Mama. Sie heißt Christine. Rechts ist meine Tante. Ich komme aus Frankreich und wohne in Straßburg. Mein Vater spricht Französisch, meine Mutter Deutsch. Ja, ich habe einen Bruder. Er heißt Paul und ist zwölf. Er ist nicht auf dem Foto.
Herzliche Grüße
Pierre*

Wir hab**en** einen Hund.

	Alter	Familie	Stadt	Land	Sprachen
Alma	10 Jahre	...	Ber...	...	Deutsch und ...
Pierre	...	Papa: Jean	...	...	...

49

2 Alma ist ... Pierre kommt aus ...

Erzählt von Alma und Pierre.

Alma ist ...
Die Mutter heißt ...
Sie kommt aus ...
Sie wohnt in ...
Sie spricht ...
...

Pierre ist ...
Er hat ...
Er kommt aus ...
Er wohnt in ...
Er spricht ...
...

AB
1–3

3 Fragen-Olympiade

a Notiert Fragen. Wer hat die meisten Fragen?

Wie heißt ...?

Wie alt ...?

Wo ...?

Hast du ...?

AB
4

b Fragt und antwortet in der Klasse.

Max, wie alt
bist du?

Ich bin
10 Jahre alt.

Portfolio

4 Mein Steckbrief

Ergänze deinen Steckbrief.

Ich komme aus:
Ich wohne in:
Meine Familie:
        Mama: ...
        Papa: ...

5 Unser Video: Herzlichen Glückwunsch!

a Seht das Video. Beantwortet die Fragen.

Wer hat Geburtstag?
Wie alt ist Gregor?
Was ist das Problem?

b Was denkt ihr? Wie geht es weiter? Sprecht in der Klasse.

c Seht das Video zu Ende.
Wie gefällt euch die Geschichte?

6 Spielt die Situation und macht Videos.

Herzlichen Glückwunsch zum Geburtstag!   Danke!   Das geht nicht!

Ich bin … Jahre alt.

Meine Tochter / Mein Sohn hat Geburtstag!   Hallo!   Ist das dein Hund?

Das ist mein Platz!   Wie heißt er?   Er/Sie heißt …

Wie heißt du?   Ich heiße …   Das ist mein … / meine …

Hören und Sprechen 4

1 Großfamilie

Macht die Familie immer größer.

Mein Vater heißt Michael.

Mein Vater heißt Michael und meine Mutter heißt Barbara.

Mein Vater heißt Michael, meine Mutter heißt Barbara und mein Bruder heißt Florian …

2 Familiensuche

a Alle zusammen: Hört genau zu und sprecht nach.

- ○ Haller
- ○ Heller
- ○ Holler
- ○ Höller
- ○ Huller
- ○ Hüller

b Macht Kärtchen und zieht eine Karte. Wer seid ihr? Ruft in der Klasse und findet eure Familie.

Mutter Haller   Vater Haller   Oma Haller   Opa Haller

Vater Heller   Mutter Heller   Oma ...   Opa ...

Mutter Höller! Mutter Höller!

Opa Haller! Opa Haller!

Oma Höller! Oma Höller!

Oma Huller! Oma Huller!

Vater Haller! Vater Haller!

Opa Höller! Opa Höller!

3 Ein Interview hören

Hört zu und zeigt auf die Wörter.

Selda, 12

Tiger, 2

Hund ~~Hund~~

Türkei

Bruder Mehmet, 3

~~Schwester~~

Istanbul

Telefon:
0090 / 212 / 527 40 16

4 Ein Interview lesen

Lest laut: Einer liest die Frage, der andere sucht die richtige Antwort.
Tauscht dann die Rollen.

> Wie heißt du?
> Wie alt bist du?
> Woher kommst du?
> Wo wohnst du?
> Hast du einen Hund oder eine Katze?
> Hast du eine Schwester oder einen Bruder?
> Wie ist deine Telefon- nummer?

< Ich wohne in Istanbul.
  < Ich heiße Selda.
< Ich habe eine Katze. Sie heißt Tiger. Sie ist 2 Jahre alt. Ich habe keinen Hund.
< Ich habe einen Bruder. Er heißt Mehmet. Er ist 3 Jahre alt. Ich habe keine Schwester.
< Ich bin 12 Jahre alt.
< Meine Telefonnummer ist 0090 / 212 / 527 40 16.
< Ich komme aus der Türkei.

5 Ein Interview machen

Wählt 1, 2 oder 3. Macht zu zweit ein Interview wie in Aufgabe 4.

1 Sarah / 9 / Deutschland / Frankfurt / Hund „Beppo" (7) / Schwester „Marie" (12) / ~~Bruder~~ / Tel.: 0049 – 69 – 26 10 47 78

2 Carmen / 10 / Spanien / Madrid / Bruder „Pedro" (12) / Hund „Bello" (4) / ~~Katze~~ / Tel.: 0034 – 91 – 62 17 50 13

3 Nikolas / 11 / Deutschland / München / Bruder „Daniel" (5) / Hund „Pepe" (7) / ~~Katze~~ / Tel.: 0049 – 89 – 36 90 96 11

Wie heißt du? …

Ich heiße Sarah.

 **1 Hört zu: Welche Geräusche erkennt ihr?**

Es regnet.

Es ist schön.

Es ist kalt. Es schneit.

Es ist windig.

Es ist warm.

Es ist heiß.

Es donnert. Es blitzt.

Es ist neblig.

2 Beschreibt das Wetter in eurer Sprache.

 AB 1

Jahreszeiten

1 Hört zu und singt mit.

Es war eine Mutter

Es war eine Mutter,
die hatte vier Kinder:
den Frühling, den Sommer,
den Herbst und den Winter.

Der Frühling bringt Blumen,
der Sommer den Klee,
der Herbst, der bringt Trauben,
Der Winter den Schnee.

Volksgut

2 Macht eine Ausstellung zu den vier Jahreszeiten.
Malt Bilder und sammelt Material zu Frühling,
Sommer, Herbst und Winter.
Hängt eure Plakate in der Klasse auf.

 SEPTEMBER  OKTOBER  NOVEMBER

 45 **Der Herbst**

Im Herbst bei kaltem Wetter
fallen vom Baum die Blätter –
Donnerwetter.
Im Frühjahr dann,
sind sie wieder dran –
sieh mal an.

Heinz Erhardt

Es ist kalt. Es regnet.

Es ist windig. Wir lassen einen Drachen steigen.

Die Bäume sind bunt.

Ich sammle Kastanien.

Die Blätter fallen.

1 **Wie heißt der Herbst in eurer Sprache?**
2 **Sammelt Herbst-Wörter in eurer Sprache.**
 46
3 **Hört zu: Welche Geräusche macht der Herbst?**

 AB 1+2

Winter

Es ist sehr kalt.

Ich fahre Ski.

Ich baue einen Schneemann.

Ich fahre Schlitten.

-wittchen

-pflug   -mann

Schnee

-flocke   -ball

-schaufel

 47

1 Wie sagt ihr zum Winter?
2 Sammelt Winter-Wörter
   in eurer Sprache.
3 Hört zu: Wie klingt der Winter?
4 Rundherum Schnee:
   Wie heißen die Wörter
   in eurer Sprache?

AB 1

MÄRZ · APRIL · MAI

Die Blumen blühen.

Die Sonne scheint oft.

Die Vögel zwitschern.

Die Natur erwacht.

Die Bäume werden grün.

1 Wie heißt der Frühling in eurer Sprache?
2 Sammelt Frühlings-Wörter in eurer Sprache.
3 Hört zu: Wie klingt der Frühling?

48

AB 1

Sommer

Der Regenbogen

Ein Regenbogen,
komm und schau!
Rot und orange,
gelb, grün und blau!
So herrliche Farben
kann keiner bezahlen,
sie über den halben
Himmel zu malen.
Ihn malte die Sonne
mit goldener Hand
auf eine wandernde
Regenwand.

Josef Guggenmos

Sophie wandert gern im Gebirge.

Mark fährt gern Kajak.

Lisa surft gern.

Ich grille gern.

Bello liegt gern in der Sonne.

1 **Wie sagt ihr zum Sommer?**
2 **Sammelt Sommer-Wörter in eurer Sprache.**
3 **Was machst du gern im Sommer?**
4 **Hört zu: Wie klingt der Sommer?**

 49

 AB 1

Das Paula-Spiel

Das können wir!

- Spielt zu viert.
- Wer die höchste Zahl würfelt, fängt an.
- Löst die Aufgaben. Kontrolliert in der Gruppe.
- Wenn ihr auf diese Felder kommt, dann macht das:

 **Pause!**

 **Steh auf.**

 **Hüpf hoch.**

 **Geh in die Hocke.**

 **Breite die Arme aus.**

- Wer zuerst im Ziel ist, hat gewonnen.

Sag ein Wort auf Deutsch mit: B… / O… / E…

Wo spricht man Deutsch?

Sag eine Stadt. Buchstabiere.

Sag drei Zahlen auf Deutsch.

Sag eine Telefonnummer.

Was sagst Du?

Was sagst Du?

Sag ein Land mit: S… / P… / G…

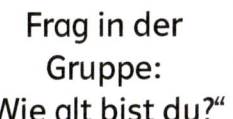

Was kaufst du im Supermarkt? Sag drei Produkte.

Zähle laut von 0 bis 12.

Ziel

Sag einen deutschen Vornamen.

Frag in der Gruppe: „Wie alt bist du?"

Zähle laut von 12 bis 0.

Wie heißt deine Mutter / dein Vater?

Was sagst Du?

Frag einen Partner / eine Partnerin: „Woher kommst du?" Notiere.

Buchstabiere deinen Vornamen.

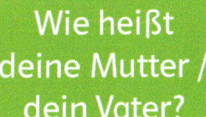

Start

Was ist das?

Sing ein Geburtstagslied.

Lieder

 **50** ## Begrüßungslied: Hallo, hallo!

Ich will euch begrüßen, ich mache das so:
Hallo! Hallo!
Schön, dass ihr heute hier seid und nicht anderswo!
Hallo! Hallo!
Hallo! Hallo! Hallo!
Hallo! Hallo! Hallo

 **51** ## Deutschlied: Deutsch ist super!

Deutsch ist super und nicht schwer,
hört mal zu, bitte sehr.

Gitarre, Trompete, Saxofon,
Computer, Radio und Telefon.

Tennis, Windsurfen, Basketball,
Trapez, Zylinder und Oval.

Salat, Hamburger, Makkaroni,
Elefant, Giraffe und Pony.

Präposition, Verb, Adjektiv,
Pistole, Killer und Detektiv.

Alles normal,
Deutsch ist super, international.

Sommerlied: Trarira, der Sommer, der ist da!

Tra - ri - ra, der Som-mer, der ist da! Wir
wol-len in den Gar-ten und woll'n des Som-mers
war-ten. Ja, ja, ja, der Som-mer, der ist da!

Winterlied: ABC, die Katze lief im Schnee

A, B, C, die Kat - ze lief im Schnee und
als sie dann nach Hau-se kam, da hatt' sie wei-ße Stie-fel an, o
je - min-ne, o je - min-ne, die Kat - ze lief im Schnee.

Quellen

S. 8   Joghurt, Milch: © Weihenstephan; Saft: © Eckes-Granini Deutschland GmbH; Konfitüre: © Schwartauer Werke; Käse: © Bergader Privatkäserei GmbH; Klebestift, Shampoo: Henkel AG & Co. KGaA , Düsseldorf; Gummibärchen © Alnatura; Müsli: © Dr. August Oetker Nahrungsmittel KG; Ovomaltine: © WANDER AG; Bonbons: © AUGUST STORCK KG; Zahnpasta: © Unilever Deutschland Holding GmbH; Tee: © Meßmer; Schokolade: © Chocoladefabriken Lindt & Sprüngli AG; Butter: dennree GmbH

S. 9   oben Annalisa Scarpa; unten li.: Fotolia.com (WavebreakmediaMicro), New York; unten re.: Auto: Shutterstock (arosoft), New York; Joghurt: © Weihenstephan; Gummibärchen © Alnatura; Zahnpasta: © Unilever Deutschland Holding GmbH

S. 12   Lied: *Paule Puhmanns Paddelboot* von Frederik Vahle © Aktive Musik Verlagsgesellschaft mbH

S. 14   Fotolia.com (Sergey Novikov), New York; Lied: *Guten Morgen, good morning*; traditionell

S. 16   oben: iStockphoto (Susan Chiang), Calgary, Alberta; unten: Helen Schmitz

S. 17   Helen Schmitz

S. 18   © Butter: dennree GmbH; Schokolade: © Chocoladefabriken Lindt & Sprüngli AG; Joghurt: © Weihenstephan; Tee: © Meßmer; Bonbons: © AUGUST STORCK KG; Käse: © Bergader Privatkäserei GmbH; Saft: © Eckes-Granini Deutschland GmbH; Klebestift: Henkel AG & Co. KGaA , Düsseldorf; Zahnpasta: © Unilever Deutschland Holding GmbH; Ovomaltine: © WANDER AG

S. 21   Lied: *Wir kommen all' und gratulieren*; traditionell

S. 25   li.: Fotolia.com (Jürgen Fälchle), New York; re: 25 Fotolia.com (marcinsl1987), New York; unten: 25 Shutterstock (dotshock), New York; Lied: *Der Elefant auf dem Spinnennetz*; traditionell

S. 33   Paar: Shutterstock (racorn), New York; Familie: Fotolia.com (Gorilla), New York

S. 34   Fotolia.com (JiSign), New York; Shutterstock (Africa Studio), New York; Fotolia.com (babimu), New York; Fotolia.com (Lucky Dragon), New York; Fotolia.com (xy), New York; Fotolia.com (Nedjo), New York; Fotolia.com (calvindexter), New York; Shutterstock (Robert Studio), New York; Fotolia.com (Nele_100), New York; Fotolia.com (Christa Eder), New York; Fotolia.com (Ideenkoch), New York; Fotolia.com (Iraidka), New York

S. 36   Shutterstock (Goodluz), New York

S. 40   iStockphoto (monkeybusinessimages), Calgary, Alberta

S. 42   Fingerzeichen: Chen Xie; Junge: Fotolia.com (dalaprod), New York

S. 45   Lied: *Liebe Schwester tanz mit mir*; traditionell

S. 46   oben li.: Shutterstock (PT Images), New York; oben re.: Shutterstock (racorn), New York; unten: Shutterstock (Beth Swanson), New York

S. 49   oben: Fotolia.com (Gorilla), New York; unten: Anne-Kathrein Schiffer

S. 50   li.: Fotolia.com (Gorilla), New York; re.: Anne-Kathrein Schiffer

S. 51   Helen Schmitz

S. 53   Shutterstock (Vadym Drobot), New York

S. 54   Shutterstock (Ziven), New York; Lied: *Es war eine Mutter*; traditionell

S. 55   oben li.: Fotolia.com (megakunstfoto), New York; oben re.: Fotolia.com (blende11.photo), New York; unten li.: 54 Fotolia.com (ah_fotobox), New York; unten re.: Fotolia.com (Lars Johansson), New York

S. 56   oben re.: Fotolia.com (Kzenon), New York; oben li.: Shutterstock (Dirima), New York; unten li.: Fotolia.com (nmelnychuk), New York; Mitte re.: Fotolia.com (Fotimmz), New York; unten re.: Fotolia.com (Visions-AD), New York; Heinz Erhardt: *Der Herbst*, aus: „Das große Heinz Erhardt Buch", © 2009 Lappan Verlag, Oldenburg

S. 57   oben li.: Fotolia.com (Gorilla), New York; unten li.: Fotolia.com (rupbilder), New York; oben re.: Shutterstock (Milles Studio), New York; unten re.: Fotolia.com (nickolya), New York

S. 58   oben li.:: Fotolia.com (NCAimages), New York; unten li.: Fotolia.com (gabe9000c), New York; oben re.: Fotolia.com (Thaut Images), New York; Mitte re.: Fotolia.com (kav777), New York; unten re.: Fotolia.com (davis), New York

S. 59   oben li.: Fotolia.com (rupbilder), New York; Mitte li.:Shutterstock (CroMary), New York; unten li.: Fotolia.com (javier brosch), New York; Mitte re.: Shutterstock (Max Topchii), New York; unten re.: Fotolia.com (Benjamin Gelman), New York; Gedicht: *Der Regenbogen*, aus: Josef Guggenmoos, „Groß ist die Welt", 2006 Beltz&Gelberg in der Verlagsgruppe Beltz, Weinheim/Basel

S. 60   Spielfiguren: Fotolia.com (sunnychicka), New York; Würfel: Fotolia.com (Christa Eder), New York; Startflagge: Fotolia.com (Markus Dehlzeit), New York

S. 61   Startflagge: Fotolia.com (Markus Dehlzeit), New York

S. 62   Lied: *Hallo, hallo*; Volker Rosin, aus Volker Rosin, „Das Nilpferd mit dem Dudelsack" © 1997 beim Moon-Records-Verlag, Düsseldorf; Lied: *Deutsch ist super!* Marco Zappa

S. 63   Helen Schmitz